IL POTERE DELLA RESILIENZA

COME TRASFORMARE LE DIFFICOLTA IN SUCCESSO.

Elia Del Vasto

Ho il piacere di presentarvi questo libro sulla resilienza, uno dei temi più importanti e attuali del nostro tempo. Siamo tutti consapevoli che la vita è fatta di sfide e di opportunità. Ma ciò che davvero fa la differenza è la nostra capacità di superare le avversità e di tornare più forti di prima.

In questo libro, vi accompagnerò alla scoperta della resilienza, una qualità che si può sviluppare e potenziare in ogni momento della vita, che sia personale o professionale. Vi guiderò attraverso le storie di persone e comunità che hanno superato grandi difficoltà, vi fornirò strumenti e strategie pratiche per migliorare la vostra resilienza e vi mostrerò come la resilienza possa diventare uno strumento per il successo.

La resilienza è una qualità che tutti possono acquisire, indipendentemente dalle proprie circostanze. Con questo libro, spero di ispirare e motivare i lettori a sviluppare la propria resilienza e a superare le avversità della vita. Siamo tutti in grado di superare le difficoltà e di trasformarle in opportunità, se solo abbiamo la giusta mentalità e gli strumenti adatti. Spero che questo libro possa essere un punto di partenza per un percorso di crescita personale e professionale.

Introduzione

La vita è fatta di alti e bassi, di momenti di gioia e di momenti di difficoltà. Ci troviamo spesso di fronte ad avversità e sfide che possono mettere a dura prova la nostra forza interiore e la nostra capacità di affrontare le difficoltà.

La resilienza è la capacità di superare le avversità, di adattarsi al cambiamento e di trovare la forza di andare avanti anche quando tutto sembra difficile. La resilienza è una qualità straordinaria presente in tutti noi, ma spesso sottovalutata e sotto-utilizzata.

Questo libro sulla resilienza vuole essere una guida per aiutare le persone a sviluppare e rafforzare la loro resilienza. In questo libro, esploreremo le origini e la definizione della resilienza, i fattori che influenzano la nostra capacità di superare le avversità e le strategie per migliorare la resilienza.

Esamineremo anche il supporto sociale come elemento fondamentale per la resilienza, sia a livello personale che professionale, e come le organizzazioni possano promuovere la resilienza dei loro dipendenti.

Inoltre, attraverso storie di persone che hanno fatto della resilienza una forza nella loro vita, dimostreremo come la resilienza possa essere un fattore determinante per il successo.

Infine, discuteremo dell'importanza di coltivare la resilienza come uno stile di vita a lungo termine, in modo da poter affrontare le sfide e le difficoltà che inevitabilmente si presenteranno lungo la strada.

Questo libro è dedicato a tutte le persone che vogliono sviluppare la propria resilienza e trovare la forza di affrontare le difficoltà della vita. Speriamo che questo libro sia un'utile risorsa per tutti coloro che desiderano imparare a superare le avversità e trovare la forza di andare avanti, non importa quali siano le sfide che la vita può presentare.

Capitolo 1:
Introduzione alla resilienza. Definizioni e concetti fondamentali.

La resilienza è un termine che si riferisce alla capacità di un individuo di superare le avversità e le difficoltà, e di adattarsi alle situazioni stressanti. In questo primo capitolo, esploreremo il concetto di resilienza e i fattori che influenzano la sua manifestazione.

1.1. Definizione di resilienza

Il termine resilienza ha origine dal latino "resilio", che significa "saltare indietro" o "rimbalzare". Nella sua accezione moderna, il concetto di resilienza è stato introdotto in ambito psicologico e si riferisce alla capacità di superare le difficoltà e di recuperare la propria funzionalità in seguito a situazioni di stress.

Secondo gli esperti, la resilienza è una capacità che può essere appresa e sviluppata, anche se le sue manifestazioni possono variare da persona a persona. Alcuni individui sembrano nascere con una maggiore predisposizione alla resilienza, ma questo non significa che la resilienza non possa essere coltivata e migliorata.

1.2. La resilienza come risposta allo stress

La resilienza è una risposta allo stress che coinvolge una serie di processi cognitivi, emotivi e comportamentali. Gli individui resilienti hanno una maggiore capacità di regolare le loro emozioni e di mantenere un atteggiamento positivo anche in situazioni difficili. Sono in grado di mantenere una visione prospettica e di trovare soluzioni efficaci ai problemi che si presentano.

Inoltre, gli individui resilienti hanno una maggiore flessibilità cognitiva, che significa che sono in grado di adattarsi a nuove situazioni e di trovare nuove soluzioni ai problemi. Questa flessibilità cognitiva è particolarmente importante in situazioni di stress, in cui le persone devono adattarsi rapidamente a nuove circostanze.

1.3. I fattori che influenzano la resilienza

Ci sono diversi fattori che influenzano la resilienza di un individuo. Questi includono:

La genetica: alcuni studi hanno suggerito che ci potrebbe essere un componente genetico nella resilienza. Ad esempio, alcune ricerche hanno identificato un gene che sembra essere associato a una maggiore capacità di adattarsi alle situazioni stressanti.

L'ambiente: l'ambiente in cui una persona vive può influenzare la sua capacità di sviluppare la resilienza. Ad esempio, le persone che crescono in ambienti che promuovono l'autostima, l'indipendenza e la responsabilità tendono ad avere una maggiore resilienza.

L'esperienza: le esperienze passate possono influenzare la capacità di una persona di affrontare le difficoltà. Ad esempio, le persone che hanno affrontato situazioni di stress in passato e sono riuscite a superarle possono avere una maggiore resilienza.

Le relazioni: le relazioni sociali, comprese quelle con familiari, amici e colleghi, possono influenzare la resilienza di un individuo. Le persone che hanno una rete di sostegno solida e di supporto tendono ad avere una maggiore resilienza rispetto a coloro che si sentono isolati o soli.

L'età: la resilienza può variare in base all'età. Ad esempio, gli adulti più anziani possono avere una maggiore capacità di adattarsi alle situazioni difficili grazie all'esperienza di vita accumulata nel corso degli anni.

1.4. La resilienza come abilità apprendibile

Nonostante alcuni fattori che influenzano la resilienza siano legati alla genetica o all'ambiente, è importante sottolineare che la resilienza può essere appresa e sviluppata in qualsiasi fase della vita. Ci sono molte tecniche e strategie che le persone possono utilizzare per sviluppare la propria resilienza, anche in situazioni difficili.

Ad esempio, una tecnica utile per sviluppare la resilienza è la **mindfulness**, che consiste nel prestare attenzione al momento presente e ai propri pensieri e sensazioni senza giudizio. La **mindfulness** può aiutare a ridurre lo stress e a sviluppare una maggiore consapevolezza di sé, due fattori importanti per la resilienza.

Un'altra tecnica utile per sviluppare la resilienza è l'autocritica costruttiva. Questa tecnica consiste nell'esaminare i propri errori e le proprie difficoltà in modo obiettivo, senza giudicarsi duramente o criticarsi in modo eccessivo. L'autocritica costruttiva può aiutare a imparare dalle proprie esperienze e a sviluppare una maggiore capacità di adattamento.

Infine, l'esercizio fisico regolare e una dieta equilibrata possono aiutare a ridurre lo stress e a promuovere una buona salute mentale e fisica, che sono importanti per la resilienza.

In sintesi, la resilienza è una capacità fondamentale per affrontare le difficoltà e le avversità della vita. La resilienza è influenzata da diversi fattori, tra cui la genetica, l'ambiente, l'esperienza, le relazioni e l'età. Tuttavia, la resilienza è anche un'abilità apprendibile e sviluppabile attraverso diverse tecniche e strategie. Nella prossima sezione, esploreremo più in dettaglio i fattori che influenzano la resilienza.

Capitolo 2:
Come funziona la resilienza.
I fattori che influenzano la capacità di superare le avversità.

Nel capitolo precedente abbiamo visto che la resilienza è una capacità importante per affrontare le difficoltà e le avversità della vita, e che può essere appresa e sviluppata. In questo capitolo, esploreremo più in dettaglio i fattori che influenzano la resilienza.

2.1. Fattori genetici

La ricerca ha dimostrato che alcuni fattori genetici possono influenzare la resilienza. Ad esempio, alcuni studi hanno mostrato che alcune persone hanno una maggiore capacità di gestire lo stress e di adattarsi alle situazioni difficili a causa di alcune varianti genetiche specifiche.

Tuttavia, è importante sottolineare che la genetica non è l'unico fattore che influisce sulla resilienza. Anche se alcuni individui possono essere dotati di un certo grado di resilienza a causa della loro genetica, ci sono ancora molti fattori ambientali e personali che possono influenzare la loro capacità di adattarsi alle difficoltà della vita.

2.2. Fattori ambientali

Gli ambienti in cui le persone vivono possono influenzare la loro resilienza. Ad esempio, le persone che vivono in aree con maggiori rischi di disastri naturali, violenza o povertà possono essere esposte a maggiori livelli di stress e difficoltà rispetto ad altre persone. Tuttavia, è importante sottolineare che le persone che vivono in questi ambienti possono anche sviluppare una maggiore resilienza grazie alla loro esperienza e alla loro capacità di adattarsi a situazioni difficili.

Allo stesso tempo, gli ambienti sociali possono influire sulla resilienza. Le persone che hanno relazioni solide e di supporto con amici, familiari o colleghi tendono ad avere una maggiore resilienza rispetto a coloro che si sentono isolati o soli. Inoltre, le persone che hanno accesso a risorse come la salute mentale, le cure mediche e l'istruzione possono essere in grado di sviluppare una maggiore resilienza grazie alla loro capacità di affrontare e risolvere problemi in modo efficace.

2.3. Fattori personali

Oltre ai fattori genetici ed ambientali, ci sono anche fattori personali che possono influenzare la resilienza. Ad esempio, la personalità può avere un ruolo importante nella capacità di adattarsi alle difficoltà della vita. Le persone che sono ottimiste, aperte al cambiamento e che hanno un'alta autostima tendono ad essere più resilienti rispetto a coloro che sono pessimisti, chiusi al cambiamento e che hanno un'alta tendenza all'autocritica.

La motivazione e la flessibilità sono anche importanti per la resilienza. Le persone che sono motivate ad affrontare le difficoltà e che sono disposte a cercare soluzioni creative ai problemi tendono ad essere più resilienti rispetto a coloro che si sentono sopraffatti o che si arrendono facilmente.

Inoltre, la capacità di gestire le emozioni e di regolare lo stress è un fattore fondamentale per la resilienza.

Capitolo 3:
La resilienza nella storia e nella cultura.
Esempi di persone e comunità resilienti.

La resilienza non è un concetto nuovo, e molte persone e comunità hanno dimostrato la loro capacità di superare le avversità nella storia e nella cultura. In questo capitolo, esploreremo alcuni esempi di persone e comunità resilienti, analizzando come hanno affrontato le difficoltà e come hanno utilizzato la resilienza per superare le avversità.

3.1. Persone resilienti

3.1.1. Helen Keller

Helen Keller è stata una delle prime donne americane non vedenti e non udenti ad ottenere un'istruzione universitaria. Nonostante le sue difficoltà, Helen Keller ha imparato a parlare, a scrivere e a comunicare attraverso il tatto. La sua resilienza e la sua determinazione l'hanno portata a diventare un'autrice di successo, una conferenziere pubblica e una sostenitrice dei diritti delle persone disabili.

3.1.2. **Nelson Mandela**

Nelson Mandela è stato un attivista anti-apartheid e il primo presidente nero del Sudafrica. Dopo essere stato incarcerato per 27 anni a causa della sua lotta per i diritti umani, Mandela è stato rilasciato nel 1990 e ha continuato a lottare per la giustizia e l'uguaglianza. La sua resilienza e la sua determinazione hanno ispirato milioni di persone in tutto il mondo.

3.1.3. **Malala Yousafzai**

Malala Yousafzai è una giovane attivista pakistana per l'istruzione delle donne. A soli 15 anni, è stata colpita alla testa da un proiettile sparato dai talebani perché si era opposta alla loro politica di vietare l'istruzione alle donne. Malala ha superato l'attentato e ha continuato a difendere i diritti delle donne e l'importanza dell'istruzione. Nel 2014, ha ricevuto il Premio Nobel per la pace.

3.2. Comunità resilienti

3.2.1. La comunità di New Orleans dopo l'uragano Katrina

L'uragano Katrina ha colpito New Orleans nel 2005, causando danni enormi e la morte di molte persone. Tuttavia, la comunità di New Orleans ha dimostrato una grande resilienza nella ricostruzione delle loro case e delle loro vite. Le persone si sono unite per aiutarsi a vicenda e hanno trovato soluzioni creative per affrontare le difficoltà.

3.2.2. La comunità di Tohoku dopo il terremoto e lo tsunami del 2011

Il terremoto e lo tsunami che hanno colpito la regione di Tohoku in Giappone nel 2011 hanno causato danni enormi e la morte di migliaia di persone. Tuttavia, la comunità di Tohoku ha dimostrato una grande resilienza nella ricostruzione delle loro case e delle loro vite. Le persone si sono unite per aiutarsi a vicenda e hanno utilizzato la loro creatività per trovare nuove soluzioni per la vita quotidiana.

3.2.3. **La comunità di Rwanda dopo il genocidio del 1994**

Il genocidio del 1994 in Rwanda ha causato la morte di circa 800.000 persone in soli 100 giorni. Tuttavia, la comunità di Rwanda ha dimostrato una grande resilienza nella ricostruzione delle loro vite e delle loro comunità. Le persone si sono unite per ricostruire le loro case, le loro infrastrutture e le loro economie. La riconciliazione tra le diverse etnie del paese è stata un aspetto cruciale della resilienza della comunità di Rwanda.

Questi esempi dimostrano come le persone e le comunità possono utilizzare la resilienza per superare le avversità e ricostruire le loro vite. La resilienza non è solo una caratteristica personale, ma anche una forza collettiva. Quando le persone si uniscono e si sostengono a vicenda, possono superare le difficoltà più grandi.

Capitolo 4:
Gli effetti delle avversità sulla mente e sul corpo.
La relazione tra stress e salute.

Lo stress può essere definito come la risposta del corpo alle sfide o alle situazioni che richiedono un adattamento o una risposta rapida. Quando il nostro corpo si trova ad affrontare situazioni stressanti, rilascia ormoni come il cortisolo, l'adrenalina e la noradrenalina, che possono avere effetti a breve e lungo termine sulla salute.

Gli effetti a breve termine dello stress possono includere un aumento della frequenza cardiaca e della pressione sanguigna, una maggiore attenzione e un'accelerazione della respirazione. Questi effetti sono parte della risposta di "lotta o fuga" del corpo, che aiuta le persone a fare fronte a situazioni stressanti a breve termine.

Tuttavia, quando lo stress diventa cronico, può avere effetti dannosi sulla salute. Lo stress cronico può causare problemi di salute mentale come depressione, ansia e disturbi del sonno. Inoltre, può anche causare problemi di salute fisica come malattie cardiache, diabete e problemi gastrointestinali.

La relazione tra lo stress cronico e la salute può essere spiegata dal fatto che lo stress può causare infiammazione cronica nel corpo, che può portare a malattie croniche. Inoltre, lo stress può anche influenzare il modo in cui le persone si comportano, come ad esempio il fumo, l'alcolismo e il consumo di droghe, che possono anche aumentare il rischio di malattie croniche.

Tuttavia, non tutte le persone reagiscono allo stress allo stesso modo. Alcune persone sono in grado di gestire meglio lo stress e mantenersi sane anche in situazioni avverse. Questa capacità di far fronte allo stress è spesso indicata come **"resilienza allo stress"**.

La resilienza allo stress può essere influenzata da diversi fattori, tra cui l'ambiente in cui le persone crescono, le esperienze di vita passate, le relazioni sociali e il supporto sociale. Ad esempio, le persone che crescono in un ambiente di sostegno e che hanno buone relazioni sociali potrebbero essere più in grado di far fronte allo stress rispetto alle persone che crescono in un ambiente di abuso o trascuratezza.

In sintesi, il capitolo 4 evidenzia come lo stress causato dalle avversità può avere effetti a breve e lungo termine sulla salute mentale e fisica delle persone. La resilienza allo stress può essere influenzata da diversi fattori e può essere sviluppata attraverso la pratica e il sostegno sociale.

Capitolo 5:
Strategie per migliorare la resilienza.
abitudini e comportamenti che aiutano a fronteggiare le difficoltà.

Esplora le strategie che le persone possono utilizzare per migliorare la loro resilienza e far fronte alle difficoltà della vita. Queste strategie possono essere utilizzate per sviluppare la capacità di far fronte allo stress e alle avversità, migliorando la salute mentale e fisica delle persone.

5.1 Mantenere una prospettiva positiva:

Una delle prime cose che le persone possono fare per migliorare la loro resilienza è mantenere una prospettiva positiva. Questo significa guardare alle situazioni difficili come opportunità di crescita e sviluppo, piuttosto che come ostacoli insormontabili. Ciò può aiutare le persone a sviluppare la fiducia e la motivazione per affrontare le difficoltà della vita.

5.2 Coltivare le relazioni sociali:

Le relazioni sociali sono un'importante fonte di supporto durante i momenti difficili. Coltivare relazioni positive con amici, familiari e colleghi può fornire una rete di sostegno durante i momenti difficili. Inoltre, partecipare a gruppi e comunità può fornire un senso di appartenenza e di significato.

5.3 Fare attività fisica regolarmente:

L'attività fisica regolare può aiutare a ridurre lo stress e migliorare la salute mentale e fisica. L'esercizio fisico rilascia endorfine nel cervello, che sono sostanze chimiche naturali che producono una sensazione di benessere e felicità. Inoltre, l'esercizio fisico può aiutare a migliorare la salute cardiaca e a ridurre il rischio di malattie croniche.

5.4 Mantenere una dieta sana ed equilibrata:

Una dieta sana ed equilibrata può fornire al corpo i nutrienti necessari per funzionare al meglio. Inoltre, può aiutare a ridurre il rischio di malattie croniche come il diabete e le malattie cardiache. La dieta dovrebbe includere una varietà di cibi nutrienti, come frutta, verdura, cereali integrali, proteine magre e grassi sani.

5.5 **Sviluppare una pratica di meditazione o di mindfulness:**

La meditazione e la **mindfulness** sono pratiche che possono aiutare le persone a gestire lo stress e le emozioni negative. La meditazione consiste nell'essere consapevoli del momento presente, mentre la **mindfulness** è la pratica di essere consapevoli delle proprie emozioni e dei propri pensieri senza giudicare o reagire ad essi. Entrambe le pratiche possono aiutare le persone a sviluppare la resilienza e a gestire meglio lo stress.

5.6 **Imparare nuove abilità:** Imparare nuove abilità può aiutare le persone a sviluppare la fiducia in se stesse e la capacità di far fronte alle difficoltà. Questo può includere l'apprendimento di una nuova lingua, di una nuova attività o di una nuova abilità professionale. Imparare nuove cose può fornire anche nuove prospettive sulla vita e sul mondo, il che può aiutare le persone a vedere le situazioni difficili sotto una luce diversa.

5.7 Mantenere il senso umoristico:

Mantenere un senso di umorismo può aiutare a ridurre lo stress e ad affrontare le difficoltà con una prospettiva positiva. Ridere ad esempio può anche rilasciare endorfine nel cervello, che possono migliorare l'umore e la salute mentale.

5.8 Praticare l'autocura:

L'autocura è importante per mantenere la resilienza e il benessere generale. Ciò può includere la pratica di dormire abbastanza, di prendersi del tempo per se stessi, di fare attività piacevoli e di prendersi cura della propria salute fisica e mentale.

5.9 Cercare aiuto professionale:

Se le persone si trovano ad affrontare difficoltà che non possono superare da sole, possono beneficiare di aiuto professionale. Ciò può includere la consulenza, la terapia o l'assistenza medica. Il cercare aiuto può essere un segno di forza e di coraggio, non di debolezza.

In sintesi, le strategie per migliorare la resilienza includono mantenere una prospettiva positiva, coltivare relazioni sociali positive, fare attività fisica regolarmente, mantenere una dieta sana ed equilibrata, sviluppare una pratica di meditazione o di **mindfulness**, imparare nuove abilità, mantenere il senso di umor, praticare l'autocura e cercare aiuto professionale se necessario. Queste strategie possono aiutare le persone a sviluppare la capacità di far fronte allo stress e alle avversità, migliorando la loro salute mentale e fisica e la loro qualità di vita.

Capitolo 6:
Lavorare sulla propria mentalità. Tecniche per sviluppare la resilienza mentale.

Il nostro modo di pensare può influenzare la nostra capacità di far fronte alle difficoltà della vita. Per questo motivo, sviluppare una mentalità resiliente può essere cruciale per superare le avversità. In questo capitolo, esploreremo alcune tecniche che le persone possono utilizzare per lavorare sulla propria mentalità e sviluppare la resilienza mentale.

6.1 Riconoscere le proprie emozioni:

Riconoscere le proprie emozioni è un passo importante per sviluppare la resilienza mentale. Quando ci troviamo ad affrontare una situazione difficile, è normale provare emozioni come paura, tristezza o rabbia. Tuttavia, ignorare o sopprimere queste emozioni può aumentare lo stress e rendere più difficile superare l'avversità. Invece, è importante riconoscere le proprie emozioni e imparare a gestirle in modo sano.

6.2 Riformulare i pensieri negativi:

I pensieri negativi possono influenzare la nostra capacità di far fronte alle difficoltà. Quando ci troviamo ad affrontare una situazione difficile, potremmo pensare di non essere abbastanza forti o di non essere in grado di farcela. Questi pensieri possono aumentare il nostro livello di stress e minare la nostra fiducia in noi stessi. Riformulare questi pensieri in modo più positivo può aiutare a ridurre lo stress e migliorare la resilienza mentale. Ad esempio, invece di pensare "Non sono abbastanza forte per superare questo", si può pensare "Ho superato situazioni difficili in passato e sono in grado di farcela anche questa volta".

6.3 Imparare ad adattarsi al cambiamento:

La vita è piena di cambiamenti, alcuni dei quali possono essere molto difficili da gestire. Imparare ad adattarsi al cambiamento può aiutare a sviluppare la resilienza mentale. Ciò può includere l'adattarsi a nuove situazioni di lavoro, relazioni o ambienti. Per adattarsi al cambiamento, può essere utile fare esercizi di visualizzazione o di meditazione, che possono aiutare a sviluppare la flessibilità mentale e adattarsi ai nuovi scenari.

6.7 Praticare la gratitudine:

La gratitudine è un'emozione positiva che può aiutare a migliorare la resilienza mentale. Essere grati per le cose positive nella propria vita può aiutare a ridurre lo stress e aumentare la felicità. Inoltre, la gratitudine può aiutare a sviluppare una prospettiva più positiva e ottimistica sulla vita, che può essere utile quando si affrontano situazioni difficili.

6.8 Coltivare la pazienza:

La pazienza può essere una virtù importante quando si affrontano situazioni difficili. A volte, le soluzioni a lungo termine richiedono tempo e perseveranza. Coltivare la pazienza può aiutare a mantenere una prospettiva positiva e ad evitare la frustrazione e la rabbia quando le cose non vanno come previsto.

6.9 Mantenere un senso di proposito:

Avere un senso di proposito può aiutare a mantenere la motivazione e la resilienza mentale quando si affrontano situazioni difficili. Avere un obiettivo o un'attività che ci appassiona può aiutare a mantenere la prospettiva a lungo termine e ad affrontare le difficoltà con determinazione. Inoltre, lavorare per raggiungere un obiettivo può fornire una fonte di gratificazione e di soddisfazione personale, che può aiutare a ridurre lo stress e aumentare la resilienza mentale.

6.10 **Colmare le lacune:**

Invece di concentrarsi sulle proprie debolezze o sui propri fallimenti, si può lavorare per colmare le lacune e migliorare le proprie capacità. Ad esempio, se si ha difficoltà a parlare in pubblico, si possono cercare opportunità per esercitarsi e migliorare la propria abilità. Questo tipo di impegno può aiutare a sviluppare la resilienza mentale e la fiducia in se stessi.

6.11 **Prendersi cura di se stessi:**

Prendersi cura di se stessi può aiutare a sviluppare la resilienza mentale e ridurre lo stress. Ciò può includere l'esercizio fisico regolare, una dieta equilibrata, il sonno adeguato e la gestione dello stress attraverso tecniche come la meditazione o lo yoga. Prendersi cura di se stessi può aiutare a mantenere una mente e un corpo sani, che sono elementi chiave per la resilienza mentale.

In sintesi, sviluppare una mentalità resiliente può aiutare a far fronte alle difficoltà della vita in modo più efficace. Ci sono molte tecniche che le persone possono utilizzare per lavorare sulla propria mentalità e sviluppare la resilienza mentale. Queste tecniche includono il riconoscimento delle proprie emozioni, la riformulazione dei pensieri negativi, l'adattamento al cambiamento, la gratitudine, la pazienza, il mantenimento del senso di proposito, il colmare le lacune e la cura di sé stessi. Integrando queste tecniche nella propria vita quotidiana, le persone possono migliorare la loro resilienza mentale e superare le difficoltà con maggiore efficacia.

Capitolo 7:
Il supporto sociale.
l'importanza del sostegno di familiari, amici e colleghi.

Il supporto sociale è un elemento chiave per la resilienza e per la capacità di superare le difficoltà. Molti studi hanno dimostrato che il supporto sociale può avere un impatto significativo sulla salute mentale e fisica, sulla qualità della vita e sulla capacità di far fronte allo stress. In questo capitolo, esploreremo l'importanza del sostegno sociale e come può aiutare le persone a sviluppare la resilienza.

Il supporto sociale può assumere molte forme, tra cui il sostegno emotivo, il sostegno pratico, il sostegno informativo e il sostegno sociale di appartenenza. Il sostegno emotivo si riferisce al supporto affettivo, come l'ascolto, la comprensione e la consolazione.

Il sostegno pratico è il supporto materiale o pratico, come l'aiuto nella risoluzione dei problemi o nell'assumersi responsabilità. Il sostegno informativo è l'aiuto che si riceve attraverso informazioni utili e pratiche. Infine, il sostegno sociale di appartenenza si riferisce alla presenza di un gruppo sociale di riferimento, come la famiglia, gli amici o la comunità.

7.1 Il sostegno sociale può aiutare le persone in diversi modi:

7.1.1 Riduzione dello stress:

Il sostegno sociale può aiutare a ridurre lo stress e aumentare la capacità di far fronte alle difficoltà. Il supporto emotivo può fornire una fonte di conforto e di rassicurazione durante i momenti difficili. Il supporto pratico può aiutare a ridurre il carico di lavoro e a gestire meglio le situazioni stressanti.

7.1.2 Miglioramento della salute mentale:

Il sostegno sociale può aiutare a migliorare la salute mentale e a ridurre i sintomi di depressione e ansia. Le persone che hanno un forte sostegno sociale hanno maggiori probabilità di sentirsi felici e soddisfatte della propria vita.

7.1.3 **Aumento della resilienza:**

Il sostegno sociale può aiutare a sviluppare la resilienza e la capacità di far fronte alle difficoltà. Il supporto emotivo può fornire la motivazione e la fiducia necessarie per superare le difficoltà. Il supporto pratico può aiutare a trovare soluzioni ai problemi e a superare gli ostacoli.

7.1.4 **Miglioramento della qualità della vita:**

Il sostegno sociale può migliorare la qualità della vita e la soddisfazione generale. Le persone che hanno un forte sostegno sociale hanno maggiori probabilità di avere relazioni positive e soddisfacenti, e di avere maggiori opportunità di partecipare ad attività sociali e culturali.

Tuttavia, non tutti hanno accesso al sostegno sociale. Le persone possono sentirsi isolate o sole, o possono avere difficoltà a chiedere aiuto. In questi casi, è importante cercare il supporto sociale in altri modi, come ad esempio partecipando a gruppi di supporto o cercando il supporto di professionisti della salute mentale.

Inoltre, è importante notare che il sostegno sociale può anche essere negativo. Il sostegno sociale negativo si riferisce alla "qualità di vita degli individui più vicini nella situazione sociale che avranno un impatto positivo o negativo a seconda della situazione" e il sostegno sociale può assumere diverse forme: può essere pratico, come aiutare con le faccende domestiche o con il trasporto, o può essere emotivo, come ascoltare e confortare in momenti di difficoltà. Può anche essere informativo, come fornire consigli o informazioni utili.

È importante notare che il sostegno sociale non deve necessariamente provenire da persone vicine. In alcuni casi, le persone possono trovare un grande sostegno in gruppi di supporto o in organizzazioni di volontariato. Questi gruppi possono fornire un senso di appartenenza e di condivisione dell'esperienza che può essere molto utile nel processo di guarigione e di sviluppo della resilienza.

In sintesi, il sostegno sociale è una componente fondamentale della resilienza. Quando si affrontano le difficoltà, avere persone che ci supportano e ci incoraggiano può fare la differenza tra la rassegnazione e la speranza. È importante quindi coltivare relazioni positive e cercare attivamente il sostegno delle persone vicine, dei gruppi di supporto e delle organizzazioni di volontariato.

Capitolo 8:
La resilienza nei contesti lavorativi. Come le organizzazioni possono promuovere la resilienza dei dipendenti.

Negli ultimi anni, sempre più organizzazioni hanno riconosciuto l'importanza della resilienza come un fattore chiave per il successo dei propri dipendenti e dell'azienda nel suo complesso. Promuovere la resilienza dei dipendenti può infatti avere numerosi vantaggi, tra cui un aumento della produttività, una riduzione dell'assenteismo e una maggiore soddisfazione lavorativa.

Ma cosa significa esattamente promuovere la resilienza nei contesti lavorativi? E quali sono le strategie che le organizzazioni possono adottare per raggiungere questo obiettivo?

Innanzitutto, è importante capire che la resilienza dei dipendenti dipende da una serie di fattori, tra cui la qualità delle relazioni interpersonali, la capacità di gestire lo stress e la presenza di risorse personali e organizzative. Pertanto, le organizzazioni devono concentrarsi su tutti questi aspetti per promuovere la resilienza dei propri dipendenti.

Una prima strategia che le organizzazioni possono adottare è quella di creare un ambiente di lavoro positivo e sano. Ciò significa adottare politiche e pratiche che favoriscano la salute e il benessere dei dipendenti, come ad esempio programmi di prevenzione dello stress, politiche di flessibilità lavorativa e incentivi per uno stile di vita sano. Inoltre, le organizzazioni possono favorire la creazione di relazioni positive tra i dipendenti, ad esempio organizzando attività di team building o incoraggiando la partecipazione a gruppi di volontariato.

Un'altra strategia che le organizzazioni possono adottare per promuovere la resilienza dei dipendenti è quella di fornire loro le risorse necessarie per affrontare le difficoltà. Ciò può includere la formazione su come gestire lo stress, su come comunicare in modo efficace e su come costruire relazioni positive con i colleghi. Le organizzazioni possono inoltre fornire risorse materiali, come strumenti tecnologici e spazi di lavoro confortevoli, che favoriscano la produttività e il benessere dei dipendenti.

Infine, le organizzazioni possono promuovere la resilienza dei dipendenti attraverso la creazione di una cultura aziendale basata sulla resilienza. Ciò significa incoraggiare i dipendenti a sviluppare una mentalità resiliente, ad esempio fornendo feedback positivo e incoraggiando il rischio calcolato. Le organizzazioni possono inoltre creare opportunità per il **mentoring** e lo sviluppo professionale, che permettono ai dipendenti di acquisire nuove competenze e di sentirsi supportati nell'affrontare le difficoltà.

In sintesi, promuovere la resilienza dei dipendenti è un obiettivo importante per le organizzazioni che vogliono migliorare il benessere dei propri dipendenti e raggiungere il successo a lungo termine. Le strategie che le organizzazioni possono adottare includono la creazione di un ambiente di lavoro positivo e sano, la fornitura di risorse per affrontare le difficoltà e la creazione di una cultura aziendale basata sulla resilienza.

Capitolo 9:
La resilienza come stile di vita. Come coltivare la resilienza nel lungo termine.

Il concetto di resilienza non è solo una caratteristica personale che emerge quando si affrontano avversità, ma anche uno stile di vita che può essere coltivato e sviluppato nel tempo. In questo capitolo esploreremo come fare della resilienza una forza che ci accompagni nella vita quotidiana, aiutandoci a far fronte alle difficoltà e a prosperare anche in situazioni stressanti.

Una delle prime cose da fare per coltivare la resilienza è sviluppare la consapevolezza di sé. Ciò significa prestare attenzione alle proprie emozioni e sensazioni fisiche e imparare a regolare le proprie risposte emotive in modo efficace. La meditazione, la pratica dello yoga e altre tecniche di rilassamento possono aiutare a sviluppare questa consapevolezza.

Inoltre, è importante imparare a mantenere una prospettiva positiva. Anche nelle situazioni più difficili, è possibile trovare aspetti positivi e punti di forza da cui trarre ispirazione. Concentrarsi sulle proprie risorse e sulle opportunità di crescita piuttosto che sulle difficoltà può aiutare a mantenere un atteggiamento positivo anche in situazioni stressanti.

Inoltre, è fondamentale avere una visione realistica della propria vita e delle proprie aspettative. Ciò significa essere consapevoli delle proprie forze e limiti e accettare che la vita non è perfetta e che gli ostacoli faranno sempre parte della nostra esperienza. La capacità di adattarsi ai cambiamenti e di superare gli ostacoli è un tratto distintivo delle persone resilienti.

Un altro aspetto importante della resilienza è la capacità di mantenere relazioni significative. La forza del supporto sociale è stata ampiamente dimostrata nella ricerca sulla resilienza. Coltivare relazioni forti e significative con amici, familiari e colleghi può fornire il sostegno e la motivazione necessari per far fronte alle difficoltà.

Inoltre, è importante saper gestire lo stress in modo efficace. Ci sono molte tecniche di gestione dello stress tra cui scegliere, come la meditazione, lo yoga, la respirazione profonda e l'esercizio fisico regolare. Anche l'identificazione e la gestione delle fonti di stress possono aiutare a prevenire l'accumulo di tensione e a mantenere la mente e il corpo sani.

Infine, la capacità di adattarsi ai cambiamenti e di trovare nuove opportunità di crescita è fondamentale per la resilienza a lungo termine. Ciò significa essere aperti alle nuove esperienze, alla formazione continua e all'apprendimento. Inoltre, essere pronti a prendere rischi e a sperimentare nuove cose può contribuire a sviluppare una maggiore resilienza e una maggiore capacità di adattarsi ai cambiamenti della vita.

In conclusione, la resilienza è una forza che può essere coltivata e sviluppata nel tempo. Imparare a gestire le proprie emozioni, mantenere una prospettiva positiva, avere una visione realistica della propria vita, mantenere relazioni significative, gestire lo stress e **adattarsi al cambiamento costante delle circostanze, cioè uscire dalla famosa "zona di confort" che altro non è che la scelta di un malessere già conosciuto per paura di alternative con conseguenti situazioni sconosciute, che dovrebbero essere elaborate causando ulteriore stress bloccandoci in una routine altamente dannosa e autodistruttiva.**

Per questo è importante essere resilienti.

Capitolo 10:
La resilienza come strumento per il successo

La resilienza non è solo importante per superare le difficoltà della vita, ma può anche essere uno strumento per raggiungere il successo. In questo capitolo esploreremo come la resilienza può aiutare a perseguire i propri obiettivi e a raggiungere il successo.

10.1 La resilienza come motore del cambiamento

La resilienza è spesso associata alla capacità di adattarsi alle situazioni difficili. Ma questo non significa solo superare le avversità, ma anche essere in grado di adattarsi al cambiamento. In un mondo in continua evoluzione, la capacità di adattarsi al cambiamento è diventata una delle qualità più importanti per il successo.

La resilienza può aiutare a gestire il cambiamento in modo più efficace, consentendo di affrontare le sfide con maggiori possibilità di successo. Chi ha una buona dose di resilienza è in grado di affrontare il cambiamento con flessibilità e di adattarsi rapidamente alle nuove circostanze.

10.2 La resilienza come strumento per la crescita personale

La resilienza può anche essere un'importante strumento per la crescita personale e professionale. Le difficoltà della vita possono essere utilizzate come opportunità per imparare, crescere e migliorare. Quando si affrontano le difficoltà con resilienza, si impara a sviluppare nuove abilità, a superare le proprie paure e a rafforzare la propria autostima.

La resilienza aiuta anche a sviluppare la capacità di affrontare situazioni stressanti e di alta pressione in modo più efficace. Questa abilità è particolarmente importante in ambito lavorativo, dove i problemi possono essere numerosi e le sfide sono sempre presenti.

10.3 **La resilienza come strumento per la leadership**

La resilienza è anche una qualità importante per la leadership. I leader resilienti sono in grado di guidare il loro team attraverso situazioni difficili, mantenendo la calma e la fiducia durante le avversità.

I leader resilienti sono anche in grado di affrontare il cambiamento in modo efficace, adattandosi alle nuove circostanze e sfruttando le opportunità che si presentano. Questo li rende capaci di prendere decisioni migliori e di gestire il rischio in modo più efficace.

10.4 **La resilienza come strumento per la creatività e l'innovazione**

La resilienza può anche stimolare la creatività e l'innovazione. Affrontare le difficoltà e superare gli ostacoli richiede spesso di trovare soluzioni creative ai problemi. La capacità di pensare in modo creativo può aiutare a superare le difficoltà e a trovare nuove opportunità.

Inoltre, la resilienza può anche spingere alla ricerca di nuovi modi di fare le cose. Le persone resilienti sono in grado di riconoscere l'importanza del cambiamento e di cercare nuove opportunità di crescita.

10.5 La resilienza come strumento per il successo finanziario

La resilienza è un importante strumento per il successo finanziario in quanto aiuta le persone ad affrontare e superare le difficoltà finanziarie. Le persone resilienti hanno la capacità di adattarsi ai cambiamenti economici e alle incertezze finanziarie, di trovare soluzioni creative ai problemi finanziari e di rimanere motivati nonostante le avversità. Inoltre, la resilienza aiuta a mantenere la calma e la chiarezza mentale durante i momenti difficili, permettendo di prendere decisioni informate e di non farsi sopraffare dalle emozioni negative. Le persone resilienti sono in grado di imparare dalle esperienze passate, di adattarsi ai nuovi contesti e di mantenere una mentalità positiva, tutte caratteristiche che possono portare al successo finanziario a lungo termine.

"In pratica il vostro obbiettivo è quello di avere le esperienze passate a guidarvi come un manuale e allo stesso tempo re-sviluppare quella plasticità cognitiva spesso associata ai bambini, ma mantenendo uno stato di autocontrollo e autoanalisi perpetua"

Con queste abilità tutto è possibile.

Conclusione

La resilienza è una capacità straordinaria presente in tutti noi, ma spesso sottovalutata e sotto-utilizzata. Come abbiamo visto in questo libro, la resilienza non è una caratteristica innata, ma una serie di abitudini, comportamenti e strategie che possono essere apprese e sviluppate.

Abbiamo esplorato le origini e la definizione della resilienza, nonché i fattori che influenzano la nostra capacità di superare le avversità, come gli effetti delle avversità sulla mente e sul corpo, le strategie per migliorare la resilienza e le tecniche per sviluppare la resilienza mentale.

Abbiamo anche visto come il supporto sociale sia fondamentale per la resilienza, sia a livello personale che professionale, e come le organizzazioni possono promuovere la resilienza dei loro dipendenti.

Abbiamo inoltre esaminato diverse storie di persone che hanno fatto della resilienza una forza nella loro vita, dimostrando come la resilienza possa essere un fattore determinante per il successo.

Infine, abbiamo discusso dell'importanza di coltivare la resilienza come uno stile di vita a lungo termine, in modo da poter affrontare le sfide e le difficoltà che inevitabilmente si presenteranno lungo la strada.

In sintesi, la resilienza è una capacità che può essere sviluppata e rafforzata nel tempo, e che può fare la differenza nella vita delle persone, sia a livello personale che professionale. La resilienza ci permette di superare le avversità e di trovare la forza di andare avanti, anche quando sembra impossibile. Speriamo che questo libro abbia fornito le informazioni e gli strumenti necessari per sviluppare la vostra resilienza e superare qualsiasi difficoltà che possa presentarsi nella vostra vita.

Indice Analitico

Capitolo 8: La resilienza nei contesti lavorativi: come le organizzazioni possono promuovere la resilienza dei dipendenti
- Cosa significa resilienza sul posto di lavoro
- Come le organizzazioni possono promuovere la resilienza
- Come i dipendenti possono sviluppare la resilienza sul posto di lavoro

Capitolo 9: La resilienza come stile di vita: come coltivare la resilienza nel lungo termine
- Come mantenere la resilienza nel lungo termine
- Come affrontare le sfide del futuro
- Come utilizzare la resilienza per il successo

Capitolo 10: La resilienza come strumento per il successo
- Come la resilienza può portare al successo
- Come sviluppare la resilienza per il successo

Conclusione
- Sintesi del libro
- Speranze per i lettori
- Invito ad approfondire la resilienza

Bibliografia

Masten, A. S. (2015). Ordinary magic: Resilience processes in development. Guilford Press.

Southwick, S. M., & Charney, D. S. (2018). Resilience: The science of mastering life's greatest challenges. Cambridge University Press.

Seligman, M. E. (2018). The hope circuit: A psychologist's journey from helplessness to optimism. Hachette Books.

Bonanno, G. A. (2004). Loss, trauma, and human resilience: Have we underestimated the human capacity to thrive after extremely aversive events?. American Psychologist, 59(1), 20-28.

Richardson, G. E. (2002). The metatheory of resilience and resiliency. Journal of Clinical Psychology, 58(3), 307-321.

Luthar, S. S., Cicchetti, D., & Becker, B. (2000). The construct of resilience: A critical evaluation and guidelines for future work. Child development, 71(3), 543-562.

Tugade, M. M., & Fredrickson, B. L. (2004). Resilient individuals use positive emotions to bounce back from negative emotional experiences. Journal of personality and social psychology, 86(2), 320.

Rutter, M. (2012). Resilience as a dynamic concept. Development and psychopathology, 24(2), 335-344.

Masten, A. S. (2014). Global perspectives on resilience in children and youth. Child Development, 85(1), 6-20.

Ungar, M. (2011). The social ecology of resilience: addressing contextual and cultural ambiguity of a nascent construct. American journal of orthopsychiatry, 81(1), 1-17.

Del Vasto, E. (2023). Resilience as inner strength: Strategies for overcoming life's adversities. Kindle Direct Publishing (KDP).

E.D.V

<- NOTE ->

www.ingramcontent.com/pod-product-compliance
Lightning Source LLC
Chambersburg PA
CBHW061726250726

48657CB00002B/785